QUANDO VOCÊ FRACASSA

Diego tropeça nas orelhas

EDWARD T. WELCH
Editor

JOE HOX
Ilustrador

Dados Internacionais de Catalogação na Publicação (CIP)
(eDOC BRASIL, Belo Horizonte/MG)

W439d Welch, Edward T., 1953-.
    Diego tropeça nas orelhas: quando você fracassa / Edward T. Welch; ilustrações Joe Hox; tradutora Meire Santos. – São José dos Campos, SP: Fiel, 2022.
    32 p. : il. – (Boas-novas para os coraçõezinhos)

    Título original: Buster's ears trip him up
    ISBN 978-65-5723-206-4

    1. Crianças – Conduta – Aspectos religiosos. 2. Literatura infantojuvenil. I. Hox, Joe. II. Santos, Meire. III. Título. IV. Série.
                                                                    CDD 028.5

Elaborado por Maurício Amormino Júnior – CRB6/2422

Criação da história por Jocelyn Flenders, uma mãe que faz ensino domiciliar, escritora e editora que mora no subúrbio da Filadélfia. Formada no Lancaster Bible College, com experiência em estudos interculturais e aconselhamento, a série "Boas-novas para os coraçõezinhos" é sua primeira obra publicada para crianças.

Diego tropeça nas orelhas: quando você fracassa

Traduzido do original em inglês
Buster's ears trip him up: When you fail

Copyright do texto ©2018 por Edward T. Welch
Copyright da ilustração ©2018 por New Growth Press

Publicado originalmente por
New Growth Press, Greensboro, NC 27404, USA

Copyright © 2018 Editora Fiel
Primeira edição em português: 2022

Todos os direitos em língua portuguesa reservados por Editora Fiel da Missão Evangélica Literária. Proibida a reprodução deste livro por quaisquer meios sem a permissão escrita dos editores, salvo em breves citações, com indicação da fonte.

Todas as citações bíblicas foram retiradas da Nova Versão Internacional (NVI), salvo quando necessário o uso de outras versões para uma melhor compreensão do texto, com indicação da versão.

Diretor: Tiago J. Santos Filho
Editor-chefe: Vinicius Musselman
Editora: Renata do Espírito Santo T. Cavalcanti
Coordenação Editorial: Gisele Lemes
Tradução: Meire Santos
Revisão: Zípora Dias Vieira
Adaptação, Diagramação e Capa: Rubner Durais
Design e composição tipográfica da capa/interno: Trish Mahoney, thermahoney.com
Ilustrações da capa/interno: Joe Hox, joehox.com
ISBN (impresso): 978-65-5723-206-4
ISBN: (eBook): 978-65-5723-205-7

Impresso em Abril de 2024, em papel couche fosco 150g
na Hawaii Gráfica e Editora

Caixa Postal 1601
CEP: 12230-971
São José dos Campos, SP
PABX: (12) 3919-9999
www.editorafiel.com.br

"Mas Deus demonstra seu amor por nós: Cristo morreu em nosso favor quando ainda éramos pecadores."

(Romanos 5.8)

Logo depois da Campina das Amoreiras, numa toca agradável, moravam Papai, Mamãe, Alice e o coelho Diego. O covil deles — com seus recantos e túneis secretos — era o perfeito esconderijo para a família.

De manhãzinha, raios de sol penetravam na toca, aquecendo o ar. Mamãe e Papai saboreavam suas xícaras de chá assentados na cozinha.

Tudo estava quieto e tranquilo.

E então o assoalho fez um barulho como de trovão, quando Diego veio correndo pelo túnel do seu quarto para a cozinha. Ele estava sempre apressado — sempre competindo para ser o primeiro.

Ao apressar-se para a cozinha, disse:
— **Bom dia!**
Estou com tudo pronto para o acampamento!

Papai comentou:
— Isso é ótimo, Diego!
Por que você está apressado?

Diego respondeu:
— Eu quero chegar lá cedo e praticar
para a grande corrida! A prática traz a perfeição, certo, Papai?

Papai respondeu:
— Certamente ajuda.
Então você acha que ganhará de novo este ano, não acha?

Diego disse:
— Certamente vencerei.
Eu sou o coelhinho mais rápido da campina!

Alice entrou na cozinha e replicou:
— Tenho certeza de que você vai correr muito rápido, Diego! Você sempre corre. Mas, vencer é algo tão importante assim?

Diego nem ouviu a pergunta de Alice — ele estava muito ocupado imaginando a senhorita Heloísa, a diretora do acampamento, entregando a ele um troféu. Ele podia até ouvir o aplauso da multidão! A única coisa que o impedia de receber aquele troféu era o café da manhã. Ele se dirigiu à Mamãe:
— Posso tomar meu café da manhã? Preciso ir!

A Mamãe sorriu e colocou à mesa um suco de grama verde
e algumas flores silvestres.

E em seguida ela orou:
— Obrigada, Pai, pelo alimento sobre a mesa.
E obrigada pelo Acampamento Floresta Verde.
Obrigada por estar com Alice e Diego,
e por ficar com Papai e comigo.
Ajude-nos a te conhecer melhor durante esta semana. Amém.

Depois de apreciarem o café da manhã,
Diego e Alice lavaram seus pratos e pegaram suas malas. Papai se dirigiu
a Diego, deu a ele um pequeno bilhete dobrado e disse:
— Você saberá a hora certa de ler este bilhete.

Então Papai os abraçou:
— Nós amamos vocês dois! Tenham uma ótima semana!

Os coelhinhos saltaram do buraco da toca para cima, na superfície. O dia estava lindo! Os pintarroxos estavam cantando, os esquilos tagarelando e pulando de galho em galho. A floresta estava cheia de vida!

Ao saltarem pelo caminho,
Diego e Alice recordavam suas lembranças favoritas
do acampamento — as canções e amigos, os trabalhos
manuais e os jogos, as refeições — e, é claro,
a grande corrida.

Alice disse:
— Mal posso esperar para chegar lá!

Logo, logo, eles viram a placa
de boas-vindas aninhada sobre a moita.

Eles gritaram juntos:
— ACAMPAMENTO FLORESTA VERDE!

E correram em frente.

A senhorita Heloísa acenou e exclamou:
— Bem-vindos, Alice e Diego! Estou tão alegre em ver vocês! Alice, você vai amar as atividades deste ano, especialmente o artesanato da natureza. E, Diego, eu imagino que você esteja empolgado com a corrida ! Todos se lembram de quão rápido você foi no último ano! Creio que a sua cabana vai ficar alegre de ter um coelhinho como você!

Diego disse:
—Obrigado, senhorita Heloísa. Eu estou mais rápido do que no ano passado!
— Diego correu até a campina para praticar. A grande corrida seria no dia seguinte!

Antes do amanhecer, Diego já havia se levantado
e estava pronto para o dia. Tão logo ouviu o sino
do café da manhã soar, ele se apressou para fora
da cabana e correu pelo caminho.

— A prática leva à perfeição,
a prática leva à perfeição — repetia ele.

Seu amigo, o ouriço Henrique,
seguia logo atrás.

Henrique, tentando respirar fundo, exclamou:
— Diego! A nossa cabana certamente vencerá a corrida
com você do nosso lado!
Diego concordou:
— Com certeza eu sou o mais rápido!

Todos se alinharam na grande campina de acordo com suas cabanas, e a senhorita Heloísa anunciou entusiasmadamente:
— Bom dia, Acampamento Floresta Verde! Por favor ouçam atentamente. Cada um deverá correr até o fim e voltar. Assim que completar a sua vez, sente-se em sua fila. A primeira cabana a terminar a corrida será a vencedora! Divirtam-se!
Diego seria o último da sua cabana.

— Com certeza nós venceremos se eu correr por último — disse ele para Henrique.
— Mesmo se estivermos perdendo quando eu começar, conseguirei passar à frente!

Cada participante, com o coração batendo muito rapidamente, tomou sua posição. A senhorita Heloísa ergueu o alto-falante e gritou:
— Em suas marcas, preparar... JÁ!

O campo se tornou um turbilhão de atividade, com animais correndo pela campina e voltando. Um por um, os companheiros de Diego retornavam para a fila.

Ele era o próximo. Tão logo Henrique tocou Diego, ele disparou para o campo, voando tão rápido como sempre! Ele já estava pensando em segurar aquele troféu.

Enquanto os pés de Diego avançavam e seu coração batia forte, suas orelhas reviravam furiosamente ao vento.

Bem no momento em que se projetava à frente da raposa Fred, ele se virou para ver quão atrás os outros estavam. Suas orelhas viraram com o giro de sua cabeça.

De repente, uma das suas orelhas virou de volta e se posicionou sobre os seus olhos como uma venda.

Ele não conseguiu retirá-la, e tudo ficou escuro.

Dentro de alguns segundos Diego
TROPEÇOU,
CAIU, e se
PROSTROU ao chão.

O silêncio tomou conta do acampamento e todos pararam para olhar. Alguns até riram. Diego sentiu seu estômago revirar. Sua face ficou vermelha. Ele estava envergonhado da cabeça aos pés. Ele se lembrou de como havia dito a todos sobre quão rápido ele era — sobre como ele certamente venceria a corrida. O que eles pensariam dele agora? O peso de tudo isso parecia mantê-lo ao chão. Ele não conseguia se levantar.

A senhorita Heloísa se apressou para ir ao seu encontro e perguntou:
— Diego, você está bem?
Diego olhou para cima com os olhos cheios de lágrimas.

Alice correu para Diego e o ajudou a se levantar. A senhorita Heloísa cochichou para Alice:
— Por que você e Diego não vão caminhar juntos um pouquinho?

Alice concordou e guiou Diego para a floresta próxima à campina.
Ele fixou seus olhos nas folhas e gravetos no chão da floresta — nunca levantando seu olhar.
Alice colocou seu braço ao redor dele e respirou fundo.

Ele parecia tão diferente — tão derrotado.
Alice nunca o tinha visto assim.

Ela disse:
— Diego, eu sinto muito
por sua queda.

Diego limpou uma lágrima dos seus olhos e lamentou:
— Eu ia vencer! E então todos me viram tropeçar!
Eu quero ir para casa.

Alice continuou:
— Para mim não importa se
você venceu a corrida ou não. Eu sou sua irmã e sempre vou te amar.
Vencer ou perder uma corrida não é a coisa mais importante.
O importante é que você ainda é amado por Jesus.
E seu amor nunca falha.

Diego disse:
— Mas, e meus amigos?
Como vou encará-los depois de ter dito a eles,
durante toda a semana, quão rápido eu sou?

— Diego, você se lembra de quando eu dei um relatório sobre a flor errada?
A senhorita Marluce disse a toda a classe que eu ia falar sobre amor-perfeito,
mas eu havia estudado petúnias. Eu fiquei tão aflita!

Eu não fazia ideia de como eu poderia encarar meus colegas de classe novamente. De vez em quando, eu ainda me sinto triste sobre isso. Mas não importa quantas vezes eu fracasse, o amor de Deus nunca fracassa. Ele sempre ajuda. O Grande Livro diz que Deus cuida daqueles que caem. Eu sei que isso é verdade.

Diego olhou para cima e disse:
— Eu me lembro de quando aquilo aconteceu.
Você também ficou triste sobre o que os seus amigos pensariam.

— Sim — disse Alice. — Eu sempre pensei que fosse a mais inteligente da nossa classe, e eu disse isso a outras pessoas também. Mas, você sabe, o Grande Livro diz que o orgulho precede a queda.
Orgulho significa que nós pensamos que somos melhores do que os outros. Eu estava pensando que eu era a mais inteligente; isso foi o meu orgulho e isso foi o que realmente me fez tropeçar.
Mas, você sabe o que mais o Grande Livro diz?

— O quê? — disse Diego,
agora ouvindo atentamente.

— Diz que há ajuda para todos que sabem que precisam de ajuda. Deus chama isso de ser humilde — disse Alice. — Algumas vezes, nós temos que fracassar antes de concluir o quanto precisamos da ajuda de Deus. Eu disse a Jesus que estava arrependida por agir como se eu fosse melhor do que meus amigos, e eu sei que ele me perdoou.

Diego lembrou-se do bilhete do Papai. Ele levou a mão ao bolso, desdobrou o pedaço de papel e leu em voz alta:

Lembre-se — Deus amou você antes mesmo que você fizesse qualquer coisa correta, antes que você alcançasse a linha de chegada. O Grande Livro diz: "Mas Deus demonstra seu amor por nós: Cristo morreu em nosso favor quando ainda éramos pecadores". Amo você, Diego.

Papai

Alice sorriu.
— É verdade! — disse ela.
— Antes que você fizesse qualquer coisa certa, Deus te amou. Deus não te amou porque você venceu uma corrida. Ele te ama porque você pertence a ele. E ele está sempre pronto a perdoar quando nosso orgulho nos faz tropeçar. Papai sempre diz: "Você não precisa ser o melhor, apenas tente fazer o melhor". Quando nós queremos que todos pensem que nós somos os melhores, isso significa que estamos apenas pensando em nós mesmos. Isso realmente nos fará tropeçar!

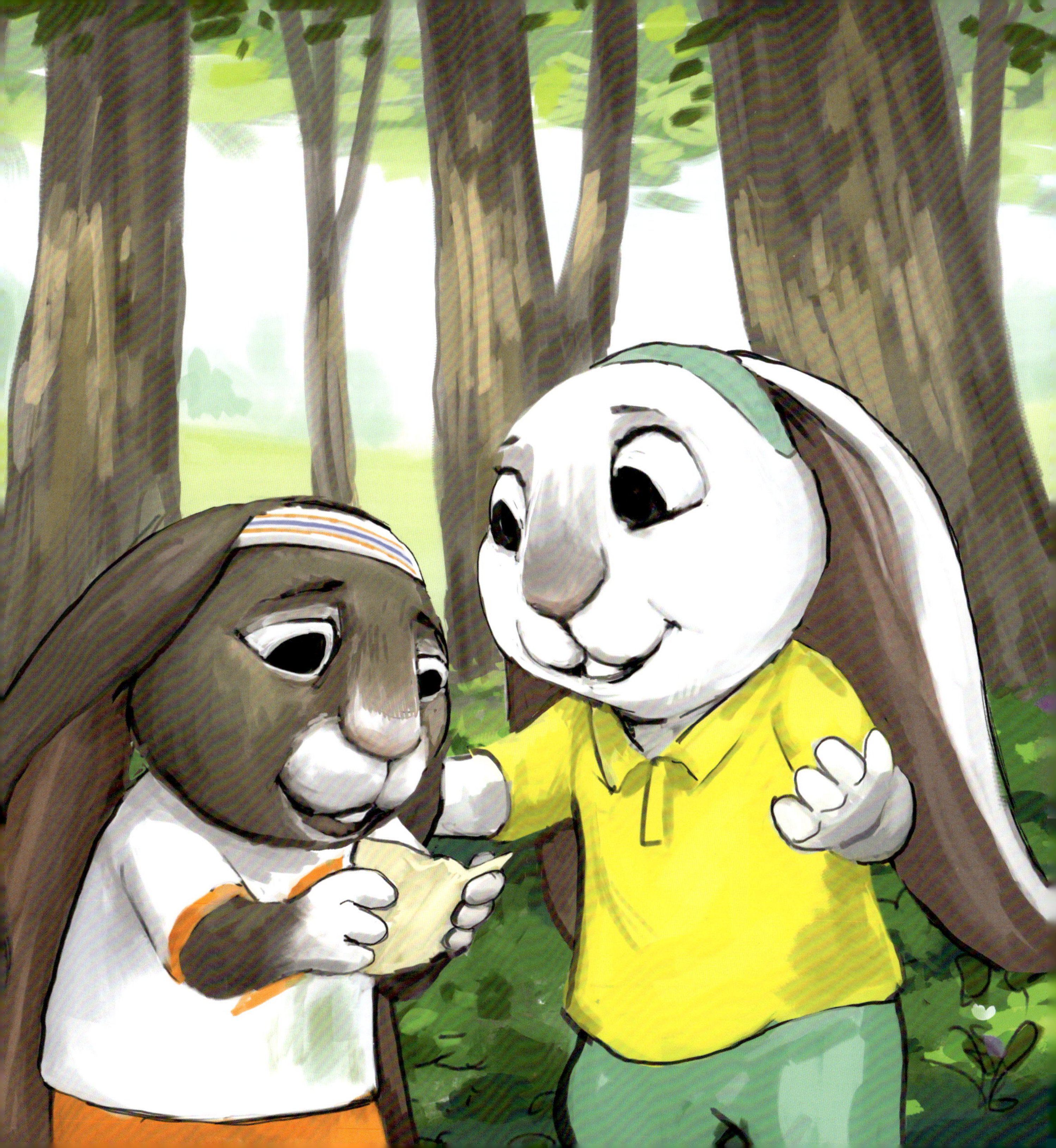

Então Alice perguntou:
— Você está pronto para voltar ao acampamento?

Diego sorriu e disse:
— Ok, Alice. Mas, você pode orar por mim primeiro?

— Eu amaria fazer isso — disse ela. — Pai, o Senhor é tão amoroso! Obrigada por usar essa corrida para nos mostrar que nós estamos sempre necessitando da sua ajuda. Obrigada por perdoar todos os nossos pecados e erros.
Ajude-nos a amar os outros e a não pensar tanto sobre nós mesmos.
Amém.

Diego disse:
— Acho que a prática nunca me levará à perfeição. Somente Jesus é sempre perfeito. Sei que ele pode até mesmo me ajudar a enfrentar os meus amigos depois de eu ter caído de cara no chão.

Alice e Diego retornaram ao
acampamento. Assim que viu Diego,
o ouriço Henrique correu ao seu encontro.

— Aquilo foi épico.
Essa foi a corrida que nós nunca esqueceremos!

Em seguida ele colocou seu braço ao redor de Diego.
— Por que você não vem tomar um sorvete com a gente?

— Obrigado, Henrique.
— Diego saltou rapidamente para ganhar o sorvete, com Henrique seguindo atrás dele novamente.

Antes que se se passasse muito tempo, Diego estava rindo, pulando e até contando a história de sua queda épica.

Ajudando o seu filho a lidar com o fracasso

Como você pode ajudar o seu filho quando ele perde? Uma das melhores maneiras é deixá-lo ver como você está crescendo nessa área. Provavelmente você já observou que esse problema não desaparece quando você se torna mais velho. Ele até se torna mais presente. Mas, e se currículos, conquistas, reputação, a aprovação de outros e a busca por ser lembrado fossem menos importantes para você?

Imagine não ter o que esconder em seus relacionamentos mais íntimos e estar livre para admitir fraquezas e pedir ajuda. Imagine um mundo onde você não é mais governado pelas opiniões de outros. Você seria afetado por suas opiniões, machucado ou encorajado por elas — não há outra opção. Mas você não seria controlado por elas. Em vez disso, você se lembraria de que todas as pessoas são melhores do que outras em algumas coisas e que o fracasso é essencial para aprender e crescer. Isso não é um mundo imaginário; é o mundo de Deus e ele convida cada um de nós a viver com ele. A alternativa é uma vida propensa a julgar e ser julgado (esses dois andam juntos), à ira, à depressão e a sempre tentar se esconder dos outros.

Você pode crescer na confiança em Deus quando você fracassa e, ao fazê-lo, pode apontar seu filho para Jesus, que é uma ajuda sempre presente em todos os tipos de problemas. Aqui estão algumas coisas para conversar com o seu filho, as quais apontarão ambos, adulto e criança, para Jesus em meio ao fracasso.

1. **Fracassar é difícil, mas Jesus ajudará.** É difícil tentar fazer o melhor e ainda não alcançar o alvo. É difícil fracassar diante de outros. Mas o fracasso também é uma oportunidade de crescer. Nós podemos falhar, mas o amor de Deus nunca falha (Lm 3.22). Nós podemos ir a Jesus pedindo ajuda em todos os momentos difíceis da vida (Hb 4.14-16).

2. **Ter o alvo errado nos fará tropeçar.** Diego disse que "a prática leva à perfeição". Mas Diego queria ser mais do que perfeito; ele queria ser o melhor. Ele descobriu que ter esse alvo o fez tropeçar. Essa não é a resposta para a dificuldade dele, ou à sua ou à do seu filho com respeito a identidade e autoestima, porque ela é baseada no que nós podemos fazer e no que outros pensam sobre o que fazemos.

3. **Ser "o melhor" versus "tentar o seu melhor".** Alice lembrou a Diego que Papai não disse a eles para serem os melhores, mas para tentarem o melhor. A Bíblia diz que nós trabalhamos, mesmo para outros, "na sinceridade do vosso coração, como a Cristo; não servindo à vista, como para agradar aos homens, mas como servos de Cristo, fazendo a vontade de Deus de coração" (Ef 6.5-6 BKJ). Trabalhe como se você estivesse trabalhando para o Senhor porque você está. É maravilhoso querer fazer o seu melhor, mas a motivação é a chave. Nós devemos querer trabalhar duro e ter uma boa reputação *por amor ao Senhor*.

4. **O problema é o orgulho.** Nós queremos que outras pessoas olhem para nós por nossa causa, e nós queremos que nossos fracassos estejam bem escondidos para que os outros não nos menosprezem. Nós queremos estar acima dos outros. E, uma vez que isso não é onde Deus quer que estejamos, o orgulhoso sempre balançará e cairá, talvez pousando entre os sábios que estão mais familiarizados com fraquezas do que com força. Aqui está a maneira como a Bíblia aborda esse assunto: "A soberba precede a ruína, e a altivez do espírito precede a queda" (Pv 16.18 ARC).

5 **Uma simples oração de confissão a Jesus é uma boa forma de descer do nosso pedestal.** O alvo é descer antes de cair. Uma vez rebaixados, a rejeição ainda pode machucar profundamente, mas quando nós não vivemos para o louvor de outras pessoas, nós podemos nos voltar para Jesus e começar a ver como o mundo de Deus (o mundo real) é construído de modo diferente (1Jo 1.9-10).

6 **Ao seguirmos Jesus, aprendemos que a vida não diz respeito a vivermos para a nossa própria glória.** Quanto melhor conhecemos a Jesus, menos prezamos as nossas próprias conquistas. Nós concluímos que elas não são suficientes para ganhar o perdão e a vida eterna que Jesus oferece gratuitamente àqueles que pedem. Quando concluímos que não temos nada de valor para trazer a Jesus, isso agrada e honra a ele. E então nós podemos dizer a Jesus: "Somente o Senhor possui aquilo de que eu realmente necessito". Ao que podemos acrescentar: "E certamente será muito bom se o Senhor puder me ajudar a pensar menos frequentemente a meu próprio respeito". Esse é o caminho para a verdadeira honra.

7 **É no reino de Deus que nós experimentamos a melhor vida.** Jesus veio a este mundo e estava determinado a consertá-lo. Ele comeu com pessoas que mancharam sua reputação, lavou os pés de pessoas como servo deles e não tinha um centavo quando morreu. Ele era o Rei do universo, porém foi menosprezado por todo o mundo, tanto judeus quanto gentios. Mas esse também foi o caminho para a glória verdadeira. Jesus viveu para glorificar seu Pai celestial e agora ele reina para sempre como nosso Salvador ressurreto. Ao perdermos coisas (como nossa reputação, a boa opinião de outros a nosso respeito, o ser "o melhor"), descobrimos que elas, na verdade, formavam obstáculos para as melhores coisas da vida — conhecer o amor de Deus, amar a Deus e amar as pessoas.

8 **Aqui estão alguns versículos bíblicos para compartilhar com seu filho quando ele passar por experiências de fracasso.**

Coloquei toda a minha esperança no Senhor; ele se inclinou para mim e ouviu o meu grito de socorro. Ele me tirou de um poço de destruição, de um atoleiro de lama; pôs os meus pés sobre uma rocha e firmou-me num local seguro. (Sl 40.1-2)

Mas ele nos concede graça maior. Por isso diz a Escritura: "Deus se opõe aos orgulhosos, mas concede graça aos humildes". (Tg 4.6)

Mas Deus demonstra seu amor por nós: Cristo morreu em nosso favor quando ainda éramos pecadores. (Rm 5.8)

Portanto, visto que temos um grande sumo sacerdote que adentrou os céus, Jesus, o Filho de Deus, apeguemo-nos com toda a firmeza à fé que professamos, pois não temos um sumo sacerdote que não possa compadecer-se das nossas fraquezas, mas sim alguém que, como nós, passou por todo tipo de tentação, porém, sem pecado. Assim, aproximemo-nos do trono da graça com toda a confiança, a fim de recebermos misericórdia e encontrarmos graça que nos ajude no momento da necessidade. (Hb 4.14-16)